समाधि भक्ति

रचयिता

शास्त्रकवि श्रमणाचार्य विभवसागर मुनि

भारतीय ज्ञानपीठ

मूर्तिदेवी ग्रन्थमाला : हिन्दी ग्रन्थांक 75

ISBN 978-93-87919-18-1

कृति	:	समाधि भक्ति
शुभाशीष	:	युगप्रतिक्रमण प्रवर्तक! यति सम्मेलक! सूत्राचार्य! गणाचार्य! श्री विरागसागर जी महाराज
रचयिता	:	सारस्वतवि! शास्त्रकवि! महाव्रती महाकवि श्रमणाचार्य श्री 108 विभवसागर मुनिराज
प्रसंग	:	समयसार अध्यात्मवाचना 2017 श्रुत पंचमी ज्ञान महोत्सव विदिशा (म.प्र.)
मूल्य	:	300 रुपये
प्रथम संस्करण	:	2018
मुद्रक	:	बी.के. ऑफसेट, दिल्ली-32
प्रकाशक	:	भारतीय ज्ञानपीठ 18, इन्स्टीट्यूशनल एरिया, लोदी रोड, नयी दिल्ली-110 003 Ph. : 011-24698417, 24626467 23241619 (Daryaganj) e-mail : bjnanpith@gmail.com, sales@jnanpith.net

विषय सूची

आचार्य विभवसागर जी महाराज के संघस्थ दीक्षित-साधुगण

क्र.		दीक्षा तिथि
	श्रमण विभास्वरसागर जी महाराज	गुरु-आचार्य विरागसागर जी
1.	श्रमण आचरणसागर जी महाराज	10.02.2011, हटा (म.प्र.)
2.	श्रमण अध्ययनसागर जी महाराज	04.12.2014, सागर (म.प्र.)
3.	श्रमण आवश्यकसागर जी महाराज	04.12.2014, सागर (म.प्र.)
4.	श्रमण अध्यापनसागर जी महाराज	04.12.2014, सागर (म.प्र.)
5.	श्रमण अर्हंतसागर जी महाराज	04.12.2014, सागर (म.प्र.)
6.	श्रमण आचारसागर जी महाराज	04.12.2014, सागर (म.प्र.)
7.	श्रमण शुद्धात्मसागर जी महाराज	16.02.2018, श्रवणबेलगोला (कर्नाटक)
8.	श्रमण सिद्धात्मसागर जी महाराज	16.02.2018, श्रवणबेलगोला (कर्नाटक)
9.	श्रमण समाधिसागर जी महाराज	07.07.2018, मुम्बई (महा.)
10.	श्रमणी अर्हंश्री माताजी	14.04.2016, शिखरजी (झारखण्ड)
11.	श्रमणी ओम् श्री माताजी	14.04.2016, शिखरजी (झारखण्ड)
12.	श्रमणी समिति श्री माताजी	16.02.2018, श्रवणबेलगोला (कर्नाटक)
13.	श्रमणी संस्कृत श्री माताजी	16.02.2018, श्रवणबेलगोला (कर्नाटक)
14.	श्रमणी संस्कृति श्री माताजी	16.02.2018, श्रवणबेलगोला (कर्नाटक)
15.	श्रमणी ह्रीं श्री माताजी	18.11.2015, भिलाई (छ.ग.)
16.	क्षुल्लिका आराधना श्री माताजी	17.01.2016, राजिम (छ.ग.)
17.	क्षुल्लिका सिद्ध श्री माताजी	16.11.2016, जैतहरी (म.प्र.)
18.	क्षुल्लिका संस्तुति श्री माताजी	16.02.2018, श्रवणबेलगोला (कर्नाटक)

	समाधिस्थ साधुगण	समाधि तिथि
1.	श्रमण अध्यात्म सागर जी	2015, दुर्ग (छ.ग.)
2.	श्रमण अनशन सागर जी	2017, शिरड, शहापुर (महा.)
3.	श्रमणी विनिर्मला श्री माताजी	2007, नागपुर (महा.)
4.	श्रमणी प्राज्ञा श्री माताजी	2018, बगरोही (म.प्र.)
5.	क्षुल्लिका विदेह श्री माताजी	2001, कोतमा (म.प्र.)
6.	क्षुल्लिका अनुकम्पा श्री माताजी	2011, सागर (म.प्र.)
7.	क्षुल्लिका अर्हद् श्री माताजी	2014, सागर (म.प्र.)

परम पूज्य गणाचार्य

श्री विरागसागर महाराज

का शुभाशीष

पावन पुनीता बोधि के फलस्वरूप रत्नत्रय मण्डित, वीतराग निर्विकल्प धर्मध्यान ही समाधि है जिसे साधु जन अहर्निश करते हैं और अपनी आत्मा की शुद्ध चित् चमत्कार रूप शुद्धात्म की अनुभूति को प्राप्त करते हुए जीवन के अंतिम दिनों में एवं क्षणों में काय कषाय का लेखन करते हुए मरणको ही महा महोत्सव बनाते हैं।

सारस्वत कवि आचार्य श्री विभवसागर जी ने अत्यंत लग्न और मेहनत से आगम ग्रन्थों का मंथन कर "समाधि शास्त्र" नामक ग्रंथ का प्रणयन किया है। अवश्य ही उनकी यह कृति स्व-पर कल्याण में सहयोगी बनेगी। मेरा उन्हें उनके इस पवित्र कार्य के लिये शुभाशीष....

13/11/12/2538

जयपुर

मुख्य बिन्दु

1. विशेषता :

सम्पूर्ण भारत देश के प्रायः समस्त जिनालयों, समस्त चतुर्विध संघों एवं समस्त जैन परिवारों में प्रतिदिन रुचि पूर्वक पढ़ी जाने वाली आगमनिष्ठ सर्वोत्तम, सरलतम, सर्वोपयोगी आत्मकल्याणकारी महत्त्वपूर्ण कालजयी सुप्रसिद्ध अमर रचना "समाधि भक्ति" है।

2. रचना उद्भव :

समाधि भक्ति इस अमर रचना का उद्भव मेरे हृदय में ही दिगम्बर जैन सिद्धक्षेत्र कुंथलगिरि पर आचार्य श्री शान्तिसागर जी महाराज की समाधि स्थली चरण छतरी की परिक्रमा लगाते समय सन् 2005 में हुआ।

3. प्रकाशन :

समाधि भक्ति रचना का प्रथम प्रकाशन मेरी मौलिक कृति गोमटेश विधान में श्रवणबेलगोला बाहुबलीमहा-मस्तकाभिषेक के अवसर पर हुआ।

4. रचना स्थल :

समाधि भक्ति रचना के प्रमुख तीन स्थल हैं - 1. सिद्ध क्षेत्र कुंथल गिरि, 2. श्रवणबेलगोला, 3. कुण्डलपुर

5. रचनाकाल :

समाधि भक्ति रचना काल
5 जनवरी 2005 से 15 मार्च 2011 तक,
लगभग छह वर्ष दो माह ग्यारह दिन।

श्रमणाचार्य विभवसागर
का.कृ.अमा., वीर नि.सं. 2539
जयपुर, 2012

प्रस्तुत संस्करण

जैनागम के स्वाध्याय की अभिरुचि एवं तीर्थवंदना, तथा गुरुजनों के पावन समागम से आत्म विशुद्धि जागृत हुई। विशुद्धि के पावन क्षणों में आत्मा के पवित्रभाव हृदय से अवतरित हो लेखनी के सहारे पत्र समूह पर अंकित होते रहे।

आज वह संकलित अक्षय विशुद्धि कोश आपके आत्म-कल्याणार्थ इस समाधि भक्ति कृति में पठनीय, मननीय, श्रवणीय आचरणीय है।

अमर रचना के प्रकाशक समूह को मंगल आशीर्वाद।

आमुख

प्रस्तुत कृति हमारी आत्मसाधना, श्रुताराधना की अभीक्ष्ण ज्ञानोपयोगी अभिरुचि, तीर्थवंदना, गुरुजनों का पावन समागम, एवं धर्मध्यान से उद्‌भूत आत्म तत्त्वज्ञान से प्रकट अक्षय विशुद्धि का भक्ति काव्य है। इस कृति में आत्म विशुद्धि के पावन परिणामों की पवित्र परम्परा का आनन्दोत्पादक दर्शन होता है। यह एक दुर्लभ, संरक्षित भाव खजाना है। आगम, आत्मा और अनुभूतियों का अमर तत्त्व है।

नित्योपयोगी, सर्वहितैषी, इस रचना का नाम समाधि भक्ति है। यह हमारी सबसे प्रिय भक्ति, इष्ट प्रार्थना है। वीतरागता वर्द्धनी यह रचना अन्तरात्मा की उज्ज्वल भावनाओं का दर्शन और स्पंदन है।

वर्ष 1994 से सन् 2018 तक के लगभग 24 वर्षीय काव्य साधना का सिद्ध रसायन यह परम पूज्य प्रसिद्ध भक्ति काव्य समाधि भक्ति हैं। स्वपर कल्याणार्थ यह रचना सर्वप्रथम वर्ष 2006, श्रवण वेलगौला महामस्तकाभिषेक महोत्सव में प्रकाशित जिसमें मात्र 7 काव्य थे। वर्ष 2009 जबलपुर वर्षोयोग में 11 काव्य प्रकाशित हुए। 2016 में 33 काव्य, तथा 2017 में 110 काव्य प्रकाशित हुए। संप्रति मुंबई वर्षायोग में 177 काव्य प्रकाशित हो रहे। रचना क्रम आत्मीय भावों पर निर्भर, भाव ज्ञानाश्रित हैं। ज्ञान आत्माश्रित गुण है।

अतः यह रचना क्रम चलता रहे ऐसा मेरा दीक्षा गुरुवर का मुझे शुभाशीष मिला और मिलता रहे।

प्रकाशित रचना का प्रत्येक काव्य प्रतिदिन पठनीय मननीय श्रवणीय, उपासनीय तथा आचरणीय है।

दीक्षा गुरुवर की पद वन्दना करते हुए मैं यह अक्षय विशुद्धि भण्डार ''समाधि-भक्ति जिनशासन के लिए समर्पित कर अपना अहोभाग्य मानता हूँ जो मुझे श्रुत सेवा को शुभ अवसर मिला।

गुरुकृपा, तीर्थयात्रा, एवं शास्त्र अभ्यास का पावन प्रसाद आप स्वीकार कीजिए।

जिनशासन प्रेमी आत्मायें इसका सदुपयोग करें।

जयदु सुद देवता

वीर शासन पर्व
2018 मुंबई

सारस्वत कवि
आचार्य विभवसागर

श्री श्री 108 भगवान पार्श्वनाथ

गुलालवाड़ी मन्दिर, मुम्बई

प्रथम पर्व

तेरी छत्रच्छाया भगवन् !, मेरे शिर पर हो ।
मेरा अन्तिम-मरण-समाधि, तेरे दर पर हो।।

जिनवाणी रसपान करूँ मैं, जिनवर को ध्याऊँ ।
आर्यजनों की संगति पाऊँ, व्रत-संयम चाहूँ ।।
गुणीजनों के सद्‌गुण गाऊँ, जिनवर यह वर दो ।
मेरा अन्तिम-मरण-समाधि, तेरे दर पर हो।। 1।।
तेरी छत्रच्छाया......

परनिन्दा न मुँह से निकले, मधुर वचन बोलूँ ।
हृदय तराजू पर हितकारी, सम्भाषण तौलूँ ।।
आत्म-तत्त्व की रहे भावना, भाव विमल भर दो ।
मेरा अन्तिम-मरण-समाधि, तेरे दर पर हो।। 2।।
तेरी छत्रच्छाया......

जिनशासन में प्रीति बढ़ाऊँ, मिथ्यापथ छोड़ूँ ।
निष्कलंक चैतन्य भावना, जिनमत से जोड़ूँ ।।
जन्म-जन्म में जैनधर्म यह, मिले कृपा कर दो ।
मेरा अन्तिम-मरण-समाधि, तेरे दर पर हो।। 3।।
तेरी छत्रच्छाया......

मरण समय गुरु-पादमूल हो, सन्त समूह रहे ।
जिनालयों में जिनवाणी की, गंगा नित्य बहे ।।
भव-भव में सन्यास मरण हो, नाथ हाथ धर दो ।
मेरा अन्तिम-मरण-समाधि, तेरे दर पर हो।। 4।।

तेरी छत्रच्छाया......

बाल्यकाल से अब तक मैंने, जो सेवा की हो ।
देना चाहो प्रभो ! आप तो, बस इतना फल दो ।।
श्वास-श्वास, अन्तिम श्वासों में, णमोकार भर दो ।
मेरा अन्तिम-मरण-समाधि, तेरे दर पर हो।। 5।।

तेरी छत्रच्छाया......

विषय कषायों को मैं त्यागूँ, तजूँ परिग्रह को ।
मोक्षमार्ग पर बढ़ता जाऊँ, नाथ अनुग्रह हो ।।
तन पिंजर से मुझे निकालो, सिद्धालय धर दो ।
मेरा अन्तिम-मरण-समाधि, तेरे दर पर हो।। 6।।

तेरी छत्रच्छाया......

भद्रबाहु सम गुरु हमारे, हमें भद्रता दो ।
रत्नत्रय संयम की शुचिता, हृदय सरलता दो ।।
चन्द्रगुप्त सी गुरु सेवा का, पाठ हृदय भर दो ।
मेरा अन्तिम-मरण-समाधि, तेरे दर पर हो ।। 7 ।।

तेरी छत्रच्छाया......

अशुभ न सोचूँ, अशुभ न चाहूँ, अशुभ नहीं देखूँ ।
अशुभ सुनूँ ना, अशुभ कहूँ ना, अशुभ नहीं लेखूँ ।।
शुभ चर्या हो, शुभ क्रिया हो, शुद्ध भाव भर दो ।
मेरा अन्तिम-मरण-समाधि, तेरे दर पर हो ।। 8 ।।

तेरी छत्रच्छाया......

तेरे चरण कमल-द्वय जिनवर ! रहें हृदय मेरे ।
मेरा हृदय रहे सदा ही, चरणों में तेरे ।।
पण्डित-पण्डित मरण हो मेरा, ऐसा अवसर दो ।
मेरा अन्तिम-मरण-समाधि, तेरे दर पर हो ।। 9 ।।

तेरी छत्रच्छाया......

मैंने जो जो पाप किए हों, वह सब माफ करो ।
खड़ा अदालत में हूँ स्वामी, अब इंसाफ करो ।।
मेरे अपराधों को गुरुवर, आज क्षमा कर दो ।
मेरा अन्तिम-मरण-समाधि, तेरे दर पर हो ।। 10 ।।

तेरी छत्रच्छाया......

दुःख नाश हों, कर्म नाश हों, बोधि-लाभ वर दो ।
जिन गुण से प्रभु आप भरे हो, वह मुझमें भर दो ।।
यही प्रार्थना, यही भावना, पूर्ण आप कर दो ।
मेरा अन्तिम-मरण-समाधि, तेरे दर पर हो ।। 11 ।।

तेरी छत्रच्छाया......

द्वितीय पर्व

तेरी छत्रच्छाया भगवन् !, मेरे शिर पर हो ।
मेरा अन्तिम-मरण-समाधि, तेरे दर पर हो।।

अहो अकिंचन मैं हूँ मेरा, इस जग में क्या है ?
मेरे गुण तो मेरे भीतर, बाहर में क्या है ।।
यह रहस्य परमात्मकला का, पूर्ण उजागर हो ।
मेरा अन्तिम-मरण-समाधि, तेरे दर पर हो।। 12।।
तेरी छत्रच्छाया......

मैं पवित्र हूँ मैं प्रसन्न हूँ, पूर्ण स्वस्थ हूँ मैं ।
ज्ञानवान हूँ ध्यानवान हूँ , आत्मस्थ हूँ मैं ।।
आत्मक्रिया चिन्तन-मन्थन में, निज मन तत्पर हो ।
मेरा अन्तिम-मरण-समाधि, तेरे दर पर हो।। 13।।
तेरी छत्रच्छाया......

बिन भोगे ही भव भोगों को, त्यागा धन्य वही ।
भोग बुरे लख जिनने त्यागे, वे सब धन्य मही ।।
मोह रहित जप, ज्ञान सहित तप, त्याग निरन्तर हो ।
मेरा अन्तिम-मरण-समाधि, तेरे दर पर हो।। 14।।
तेरी छत्रच्छाया......

भव-भव में मुनिराज बनूँ मैं, यही भावना है ।
भव-भव में जिनधर्म गहूँ मैं, यही भावना है ।।
बाल ब्रह्मचारी मुनि होऊँ, रत्नत्रय वर दो ।
मेरा अन्तिम-मरण-समाधि, तेरे दर पर हो ।। 15 ।।

तेरी छत्रच्छाया......

मैं तप धारूँ मैं श्रुत धारूँ, सम्यक् व्रत धारूँ ।
धर्मध्यान में रत होकर के, शुक्लध्यान धारूँ ।।
शुक्लध्यान में कर्म जलाऊँ, जाना शिवपुर हो ।
मेरा अन्तिम-मरण-समाधि, तेरे दर पर हो ।। 16 ।।

तेरी छत्रच्छाया......

मैं कैसा हूँ केवलज्ञानी !, जैसा तुम जानो ।
मैं वैसा हूँ अंतर्यामी !, जैसा तुम मानो ।।
वीतराग सर्वज्ञ हितैषी, तुम अविनश्वर हो ।
मेरा अन्तिम-मरण-समाधि, तेरे दर पर हो ।। 17 ।।

तेरी छत्रच्छाया......

उत्तम त्यागी वे हैं जिनने, अर्जन नहीं किया ।
मध्यम त्यागी वे हैं जिनने, अर्जित त्याग किया ।।
जघन्य त्यागी सौंप संपदा, सन्त दिगम्बर हो ।
मेरा अन्तिम-मरण-समाधि, तेरे दर पर हो ।। 18 ।।

तेरी छत्रच्छाया......

भव अनन्त के भ्रमण चक्र को, आज रोकता हूँ ।
देव शास्त्र गुरुवर के चरणों, माथ टेकता हूँ ।।
अब निर्दोष तपस्या का फल, सिद्ध परम पद हो ।
मेरा अन्तिम-मरण-समाधि, तेरे दर पर हो ।। 19 ।।

तेरी छत्रच्छाया......

ना जाने कब तेरे दर से, चलना हो जाये ।
किस विधि फिर से दर्शन पाना, दुर्लभ हो जाये ।।
उत्तमार्थ प्रतिकर्म करूँ मैं, सर्व दोष हर लो ।
मेरा अन्तिम-मरण-समाधि, तेरे दर पर हो ।। 20 ।।

तेरी छत्रच्छाया......

चन्द्रप्रभ भगवान हमारे, हमको चारित दो ।
चरण कमल की करूँ वन्दना, मन पवित्र कर दो ।।
श्री सम्मेद शिखर का दर्शन, हमको फिर-फिर हो ।
मेरा अन्तिम-मरण-समाधि, तेरे दर पर हो ।। 21 ।।

तेरी छत्रच्छाया......

नंदीश्वर के दर्शन पाऊँ, पंचमेरू जाऊँ ।
श्री विदेह में तीर्थंकर के, समवशरण जाऊँ ।।
उड़ जाऊँ निर्वाण लक्ष्य तक, प्रभुवर वह पर दो ।
मेरा अन्तिम-मरण-समाधि, तेरे दर पर हो ।। 22 ।।

तेरी छत्रच्छाया......

तृतीय पर्व

तेरी छत्रच्छाया भगवन् !, मेरे शिर पर हो ।
मेरा अन्तिम-मरण-समाधि, तेरे दर पर हो।।

एक मात्र जिनभक्ति आपकी, है समर्थशाली ।
दुर्गति रोधक सन्मति बोधक, महापुण्यशाली ।।
शाश्वत मोक्ष महल की चाबी, संस्तुति जिनवर हो ।
मेरा अन्तिम-मरण-समाधि, तेरे दर पर हो।। 23।।
तेरी छत्रच्छाया......

शील सहित नर भी मरता है, शील रहित मरता ।
धैर्य सहित नर भी मरता है, धैर्य रहित मरता ।।
शील सहित हो धैर्य सहित हो, वह समाधि वर दो ।
मेरा अन्तिम-मरण-समाधि, तेरे दर पर हो।। 24।।
तेरी छत्रच्छाया......

ज्ञान भावना दर्श भावना, चरित भावना हो ।
ये तीनों तो आत्मरूप हैं, आत्मभावना हो ।।
रत्नत्रय की बहे त्रिवेणी, प्रतिपल संवर हो ।
मेरा अन्तिम-मरण-समाधि, तेरे दर पर हो।। 25।।
तेरी छत्रच्छाया......

अरिहंतों को नमन हमारा, सिद्ध नमन मेरा ।
सूरि पाठक साधुजनों को, नित्य नमन मेरा ।।
पंच परम परमेष्ठी हमारे, पंच पाप हर लो ।
मेरा अन्तिम-मरण-समाधि, तेरे दर पर हो ।। 26 ।।
तेरी छत्रच्छाया......

अरिहंतों का पहला मंगल, सिद्धों का दूजा ।
साधुजनों का तीजा मंगल, धर्म कहा चौथा ।।
चारों मंगल मेरा जीवन, मंगलमय कर दो ।
मेरा अन्तिम-मरण-समाधि, तेरे दर पर हो ।। 27 ।।
तेरी छत्रच्छाया......

अरिहंतों का पहला उत्तम, सिद्धों का दूजा ।
साधुजनों का तीजा उत्तम, धर्म कहा चौथा ।।
चारों उत्तम मेरा जीवन, सर्वोत्तम कर दो ।
मेरा अन्तिम-मरण-समाधि, तेरे दर पर हो ।। 28 ।।
तेरी छत्रच्छाया......

अरिंहतों की पहली शरणा, सिद्धों की दूजी ।
साधुजनों की तीजी शरणा, धर्म शरण चौथी ।।
चारों शरणा भय दुःख हरणा, मुझे शरण रख लो ।
मेरा अन्तिम-मरण-समाधि, तेरे दर पर हो ।। 29 ।।

तेरी छत्रच्छाया......

गुरु से मुझको मिला है कितना, क्यों इतना सोचूँ ।
मैंने कितना किया समर्पण, बस इतना सोचूँ ।।
सेवा और समर्पण प्रतिपल, बढ़ते क्रम पर हो ।
मेरा अन्तिम-मरण-समाधि, तेरे दर पर हो ।। 30 ।।

तेरी छत्रच्छाया......

संयम भाव जगाना गुरुवर ! काम तुम्हारा है ।
संयम पालन करना गुरुवर ! काम हमारा है ।।
अब तो प्रतिपल प्रतिपग मेरा, संयम पथ पर हो ।
मेरा अन्तिम-मरण-समाधि, तेरे दर पर हो ।। 31 ।।

तेरी छत्रच्छाया......

संयम पथ निर्बाध बनाओ, मेरे गुरुवर जी ।
मोक्षमहल तक साथ निभाओ, मेरे प्रभुवर जी ।।
उपसर्गों में बाधओं में, कभी नहीं डर हो ।
मेरा अन्तिम-मरण-समाधि, तेरे दर पर हो ।। 32 ।।

तेरी छत्रच्छाया......

चलते-फिरते प्राण हमारे, श्री गुरुवर मेरे।
धर्मपिता की गोद में खेले, हम बालक तेरे।।
धर्मपुत्र के पालन में तुम, गुरु गोवर्द्धन हो।
मेरा अन्तिम-मरण-समाधि, तेरे दर पर हो ।। 33 ।।

तेरी छत्रच्छाया......

चतुर्थ पर्व

तेरी छत्रच्छाया भगवन् !, मेरे शिर पर हो ।
मेरा अन्तिम-मरण-समाधि, तेरे दर पर हो।।

चिंतन दे गुरु हृदय दिया है, श्रुत दे कान दिए।
राह दिखाकर आँखे दी हैं, संयम प्राण दिए।।
ऐसे गुरु-पद चिदानंद का, झरना झर-झर हो।
मेरा अन्तिम-मरण-समाधि, तेरे दर पर हो।। 34।।
तेरी छत्रच्छाया......

मैं क्या चाहूँ नाथ आपसे, कहाँ समाधि हो।
जहाँ हमारे गुरु विराजें, वहाँ समाधि हो।।
पार्श्वनाथ का समवशरणथल, श्री नैनागिर हो।
मेरा अन्तिम-मरण-समाधि, तेरे दर पर हो।। 35।।
तेरी छत्रच्छाया......

पुण्यार्जन की सरल विधि है, अनुमोदन करना।
शुभकार्यों का सम्पादन कर, पुण्य कोष भरना।।
आराधन की अमर पताका, मेरे कर में हो।
मेरा अन्तिम-मरण-समाधि, तेरे दर पर हो।। 36।।
तेरी छत्रच्छाया......

यह रत्नत्रय परम-सम्पदा, सबको उपयोगी।
जो रत्नत्रय पालन करते, दुर्लभ वह योगी।।
भेदज्ञान पौरुष प्रकटाऊँ, शुद्ध चिदम्बर हो।
मेरा अन्तिम-मरण-समाधि, तेरे दर पर हो।। 37।।

तेरी छत्रच्छाया......

जौ लौं जरा रोग ना आये, तौ लौं तप कर लूँ।
ओम् नमः अर्हम् सोहं का, जप ही जप कर लूँ।।
महामंत्र की महाशक्तियों, से मन मंत्रित हो।
मेरा अन्तिम-मरण-समाधि, तेरे दर पर हो।। 38।।

तेरी छत्रच्छाया......

उद्गम थल से जैसे सरिता, पतली सी बहती।
सागर तट लौं बहती जाती, बढ़ती ही बढ़ती।।
इसी तरह मेरा आतम-गुण, बढ़ते क्रम पर हो।
मेरा अन्तिम-मरण-समाधि, तेरे दर पर हो।। 39।।

तेरी छत्रच्छाया......

भाव शुद्धि ही शुभ समाधि है, भाव शुद्ध कर लूँ।
जैसा श्रम हो वैसा क्रमशः, कम अहार कर लूँ।।
धर्मध्यान में रहे लीनता, तप अभ्यन्तर हो।
मेरा अन्तिम-मरण-समाधि, तेरे दर पर हो।। 40।।

तेरी छत्रच्छाया......

चार बरस लौं कायक्लेश तप, आगे रस तजना।
चार बरस लौं रस तज-तज कर, रसना वश करना।।
शेष उम्र तप भात मठा ले, जल पानक पर हो।
मेरा अन्तिम-मरण-समाधि, तेरे दर पर हो।। 41।।

तेरी छत्रच्छाया......

तेरे गुण की याद दिलातीं, तेरी प्रतिमाएँ।
इसीलिए हम आकर करते, दर्शन पूजाएँ।।
वीतराग भावों की जननी, प्रतिमा जिनवर हो।
मेरा अन्तिम-मरण-समाधि, तेरे दर पर हो।। 42।।

तेरी छत्रच्छाया......

बादल बरसें वन खण्डों में, तरु-पतियाँ होतीं।
पुण्योदय से राजकोश में, नव निधियाँ होतीं।।
पुण्यफला अरिहंत-परम-पद, आप जिनेश्वर दो।
मेरा अन्तिम-मरण-समाधि, तेरे दर पर हो।। 43।।

तेरी छत्रच्छाया......

समतामय हो तपो-भावना, तत्त्व-भावना हो।
समतामय एकत्व-भावना, सत्त्व-भावना हो।।
समतामय हो धैर्य-भावना, व्रत समता धर हो।
मेरा अन्तिम-मरण-समाधि, तेरे दर पर हो।। 44।।

तेरी छत्रच्छाया......

पंचम पर्व

तेरी छत्रच्छाया भगवन् !, मेरे शिर पर हो ।
मेरा अन्तिम-मरण-समाधि, तेरे दर पर हो।।

प्रतिक्रमण से आत्मशुद्धि हो, श्रुत से बुद्धि बड़े।
सामायिक से बड़े विशुद्धि, तप से ऋद्धि बड़े।।
आत्म-साधना बढ़ती जाये, मन पवित्रतर हो।
मेरा अन्तिम-मरण-समाधि, तेरे दर पर हो।। 45।।
तेरी छत्रच्छाया......

पापास्रव कारक भावों को, नहीं उपजने दूँ।
गुरु निन्दा के बीज हृदय में, नहीं पनपने दूँ।।
मानस-विनयाचार हमारे, अन्तर्मन भर दो।
मेरा अन्तिम-मरण-समाधि, तेरे दर पर हो।। 46।।
तेरी छत्रच्छाया......

गुरु को प्रिय गुरु को हितकर हो, वही भाव भाऊँ।
श्री गुरु के अनुकूल चलूँ मैं, गुरु पद ही ध्याऊँ।।
गुरु-कृपा का पात्र बनूँ मैं, विनय गुणोत्तर हो।
मेरा अन्तिम-मरण-समाधि, तेरे दर पर हो।। 47।।
तेरी छत्रच्छाया......

ज्यों चलनी में नहीं ठहरता, भरा हुआ पानी।
चंचल-मन में नहीं ठहरता, यम-संयम ज्ञानी।।
श्रद्धा श्रुत, दृढ़ संकल्पों से, यह मन सुस्थिर हो।
मेरा अन्तिम-मरण-समाधि, तेरे दर पर हो।। 48।।

तेरी छत्रच्छाया......

कर्मोदय की पराधीनता, हित कैसे साधूँ।
चारों आराधन भी निर्मल, कैसे आराधूँ।।
मृत्युरूप इस वज्रपात पर, विजय अनुत्तर हो।
मेरा अन्तिम-मरण-समाधि, तेरे दर पर हो।। 49।।

तेरी छत्रच्छाया......

शुभ-भावों में नित-निमित्त हैं, जिनवर प्रतिमाएँ।
अतः उन्हीं का आलम्वन लें, जिन महिमा गाएँ।।
अंत समय तक मेरे सम्मुख, प्रतिमा जिनवर हो।
मेरा अन्तिम-मरण-समाधि, तेरे दर पर हो।। 50।।

तेरी छत्रच्छाया......

चंचल मन है पवन वेग सा, कौन दिशा जाये?
चंचल मन है दुष्ट अश्व सा, कहाँ गिरा आये?
चंचल मन के वशीकरण को, नित भक्तामर हो।
मेरा अन्तिम-मरण-समाधि, तेरे दर पर हो।। 51।।

तेरी छत्रच्छाया......

देख न पाया, सुन ना पाया, बोल नहीं पाया।
तृष्णा-सरिता में डूबा मन, हित ना कर पाया।।
मन संयम का महामंत्र गुरु, कानों में भर दो।
मेरा अन्तिम-मरण-समाधि, तेरे दर पर हो।। 52।।

तेरी छत्रच्छाया......

सम्यग्दर्शन में निमित्त है, पावन जिनवाणी।
सूरी, पाठक, साधु संघ वा, गुरु सम्यग्ज्ञानी।।
सम्यग्दर्शन लेकर जाऊँ, यही धरोहर हो।
मेरा अन्तिम-मरण-समाधि, तेरे दर पर हो।। 53।।

तेरी छत्रच्छाया......

मनोवती सी दर्श-प्रतिज्ञा, नाथ! अटल करलूँ।
पद्मरथी सम उपसर्गों को, सह आगे बढ़लूँ।।
बाहुबली भगवान आप सी, मूर्ति मनोहर हो।
मेरा अन्तिम-मरण-समाधि, तेरे दर पर हो।। 54।।

तेरी छत्रच्छाया......

राग द्वेषमय अशुभ भाव कर, जग हिम्मत हारा।
मन के रोके रुक जाता है, राग-द्वेष सारा।।
निश्चल मन से महामंत्र का, जाप जिनेश्वर हो।
मेरा अन्तिम-मरण-समाधि, तेरे दर पर हो।। 55।।

तेरी छत्रच्छाया......

षष्ठम पर्व

तेरी छत्रच्छाया भगवन् !, मेरे शिर पर हो ।
मेरा अन्तिम-मरण-समाधि, तेरे दर पर हो।।

यथा काल हो, यथा देश हो, यथा संघ होवे।
वैसा सन्त नियोगी पाकर, मन प्रमुदित होवे।।
यत्नाचारी-सन्त-शरण में, आत्म सर्मपण हो।
मेरा अन्तिम-मरण-समाधि, तेरे दर पर हो।। 56 ।।
तेरी छत्रच्छाया......

आप विरागी हम अनुरागी, सब सहभागी हों।
नैया पार लगाने वाले, यति बड़भागी हों।।
उद्योतन, निर्वाहन, साधन, शुभ संस्तर पर हो।
मेरा अन्तिम-मरण-समाधि, तेरे दर पर हो।। 57 ।।
तेरी छत्रच्छाया......

सर्व संघ से हाथ जोड़कर, क्षमा माँगता हूँ।
गुरु साक्षी में सर्व पाप को, आज त्यागता हूँ।।
क्षमा मूर्ति गुरुदेव हमारे, क्षमा-भाव भर दो।
मेरा अन्तिम-मरण-समाधि, तेरे दर पर हो।। 58 ।।
तेरी छत्रच्छाया......

श्रावक-व्रत या साधु-व्रत धर, जो समाधि करता।
सुनो समाधि के फल से वह, स्वर्गों में रहता।।
संकल्पों से सुर कल्पों में, देव अनुत्तर हो।
मेरा अन्तिम-मरण-समाधि, तेरे दर पर हो।। 59।।

तेरी छत्रच्छाया......

जो समाधि में रुचि रखता है, वह समाधि पावे।
दर्शन-ज्ञान-चरित की महिमा, तन-मन से भावे।।
सल्लेखन का समाचार पा, तन-मन हर्षित हो।
मेरा अन्तिम-मरण-समाधि, तेरे दर पर हो।। 60।।

तेरी छत्रच्छाया......

शल्य रहित हो क्षपकराज बन, सल्लेखन कर लूँ।
निर्मल रत्नत्रय पालन कर, शुद्ध भाव धर लूँ।।
जिज्ञासा के समाधान तुम, हर प्रश्नोत्तर हो।
मेरा अन्तिम-मरण-समाधि, तेरे दर पर हो।। 61।।

तेरी छत्रच्छाया......

जहाँ-जहाँ हो सन्त समाधि, वहाँ-वहाँ जाऊँ।
क्षपक राज के दर्शन करके, अनुमोदन भाऊँ।।
श्रेष्ठ समाधि करने वाला, नर तीर्थंकर हो।
मेरा अन्तिम-मरण-समाधि, तेरे दर पर हो।। 62।।

तेरी छत्रच्छाया......

विराग सागर गुरुवर कहते, निभो-निभाओ जी।
सन्मति सागर गुरुवर कहते, तपो-तपाओ जी।।
गुरु आज्ञा को शिरोधारना, आतम हितकर हो।
मेरा अन्तिम-मरण-समाधि, तेरे दर पर हो।। 63।।

तेरी छत्रच्छाया......

कलिकाल यह पापकाल है, हृदय कलुषता है ।
सम्यक् श्रोता सम्यक् वक्ता, की दुर्लभता है ।।
प्रभावशाली जिन शासन की, प्रभुता सुखकर हो ।
मेरा अन्तिम-मरण-समाधि, तेरे दर पर हो ।।64।।

तेरी छत्रच्छाया......

दया, दमन अरु त्याग समाधि, चार थंभ वाला ।
नय प्रमाण युत श्री जिन शासन, सबको सुखवाला ।।
तेरा मत जिन! अद्वितीय मत, सदा शुभंकर हो ।
मेरा अन्तिम-मरण-समाधि, तेरे दर पर हो ।।65 ।।

तेरी छत्रच्छाया......

द्रव्य क्षेत्र का काल भाव का, निज प्रभाव पड़ता ।
जड़ का जड़ पर, जड़ चेतन पर, चेतन पर जड़ का ।।
यह निमित्त अरु उपादान की, चर्चा हितकर हो ।
मेरा अन्तिम-मरण-समाधि, तेरे दर पर हो ।। 66 ।।

तेरी छत्रच्छाया......

सप्तम पर्व

तेरी छत्रच्छाया भगवन् !, मेरे शिर पर हो ।
मेरा अन्तिम-मरण-समाधि, तेरे दर पर हो।।

निर्विकल्प निर्द्वन्द रहूँ मैं, यही भावना है ।
शुद्धातम का संवेदन ही, आत्म साधना है।।
समता समता समता धरना, भाव निरन्तर हो ।
मेरा अन्तिम-मरण-समाधि, तेरे दर पर हो ।।67।।
तेरी छत्रच्छाया......

भावों में निर्मलता रखना, श्रेष्ठ सफलता है ।
निर्मलता में शुक्ल ध्यान हो, शिवपद मिलता है ।।
निर्विकार चैतन्य आत्मा, स्वयं शिवंकर हो ।
मेरा अन्तिम-मरण-समाधि, तेरे दर पर हो ।।68।।
तेरी छत्रच्छाया......

समता मंदिर ! स्वातम सुन्दर ! शुद्धातम योगी !
सन्त दिगम्बर! शुद्ध चिदम्बर! समरस सुख भोगी ।।
सर्व साधु जयवंत रहे नित, मंगलमय स्वर हो ।
मेरा अन्तिम-मरण-समाधि, तेरे दर पर हो ।।69।।
तेरी छत्रच्छाया......

नियम न तोड़ूँ , धर्म न छोड़ूँ, पाप नहीं जोड़ूँ ।
संकल्पों से मुँह ना मोड़ूँ, मोह नहीं ओढ़ूँ।।
यही धारणा वीर प्रतिज्ञा, आतम अन्दर हो ।
मेरा अन्तिम-मरण-समाधि, तेरे दर पर हो ।।70।।

तेरी छत्रच्छाया......

लज्जा, भय, गारव को तज के, निश्छल हो करके ।
अपने दोष निवेदन करलूँ, गुरु चरणों रहके ।।
मात-पिता सम गुरु हमारे, सभी दोष हर लो ।
मेरा अन्तिम-मरण-समाधि, तेरे दर पर हो ।।71।।

तेरी छत्रच्छाया......

प्रियधर्मा हो दृढ़ धर्मा हो, धर्मातम धीरु ।
संवेगी वैरागी त्यागी, सदा पाप भीरु ।।
अभिप्रायों को जानने वाला, यति निर्यापक हो ।
मेरा अन्तिम-मरण-समाधि, तेरे दर पर हो ।।72।।

तेरी छत्रच्छाया......

अरे प्रमाणाभासों द्वारा, नहीं ठगा जाऊँ ।
कौन प्रवक्ता क्या प्रमाण है, सही समझ पाऊँ ।।
''सम्यग्ज्ञान प्रमाणम्'' गुरुवर, न्याय भास्कर हो ।
मेरा अन्तिम-मरण-समाधि, तेरे दर पर हो ।।73।।

तेरी छत्रच्छाया......

मोक्षमार्ग तो एक मार्ग है, किस विधि कौन चले ।
पता नहीं चलने वाले को, क्या-क्या कहाँ मिले ।।
चुनना, चलना, चलते रहना, यह साहस भर दो ।
मेरा अन्तिम-मरण-समाधि, तेरे दर पर हो ।।74।।

तेरी छत्रच्छाया......

अन्तर आतम के अन्तर में , क्या अन्तर पड़ता ।
वंदन बंधन बाधाओं में, समता ही समता ।।
इस विधि ही परमात्म बनूँगा, लक्ष्य सफल कर दो ।
मेरा अन्तिम-मरण-समाधि, तेरे दर पर हो ।।75।।

तेरी छत्रच्छाया......

छेदा जाऊँ, भेदा जाऊँ, या बाँधा जाऊँ ।
जहाँ-तहाँ ले जाया जाऊँ, या खाया जाऊँ ।।
तो भी मेरा नाश नहीं है, दृढ़ श्रद्धा भर दो ।
मेरा अन्तिम-मरण-समाधि, तेरे दर पर हो ।।76।।

तेरी छत्रच्छाया......

किसी के माथे सिगड़ी जलती, सिंह प्राण खाये ।
किसी-किसी को गरम-गरम, आभूषण पहराये ।।
मैं अविनाशी अमर आत्मा, शुभ चिंतन भर दो ।
मेरा अन्तिम-मरण-समाधि, तेरे दर पर हो ।।77।।

तेरी छत्रच्छाया......

अष्टम पर्व

तेरी छत्रच्छाया भगवन् !, मेरे शिर पर हो ।
मेरा अन्तिम-मरण-समाधि, तेरे दर पर हो।।

सिद्ध अनंतानंत हुए हैं, क्या-क्या सह करके ।
पीड़ाओं में पूजाओं में, दृढ़ समता धरके ।।
पीड़ा भी परमात्म बनाती, सत्य कथन कर दो ।
मेरा अन्तिम-मरण-समाधि, तेरे दर पर हो ।।78।।

तेरी छत्रच्छाया......

जैन न्याय सिद्धान्त शास्त्र पर, होवे दृढ़ श्रद्धा ।
कोई नहीं किसी को देता, कर्म बिना बाधा ।।
परमातम का यह उपाय भी, आतम अन्तर हो ।
मेरा अन्तिम-मरण-समाधि, तेरे दर पर हो ।।79।।

तेरी छत्रच्छाया......

खेतों में हरियाली होवे, जन-जन खुशहाली ।
रक्षाबन्धन पर्यूषण हो, घर-घर दीवाली ।।
तीन लोक के सब जीवों में, शान्ति-शान्ति भर दो ।
मेरा अन्तिम-मरण-समाधि, तेरे दर पर हो ।।80।।

तेरी छत्रच्छाया......

धर्म राह में पाप कमाया, शान्ति मिले कैसे ?
गुणी जनों में दोष लगाया, शान्ति मिले कैसे ?
सकल कर्म क्षय करने वाला, धर्म निरन्तर हो ।
मेरा अन्तिम-मरण-समाधि, तेरे दर पर हो ।।81।।

तेरी छत्रच्छाया......

चित्त शुद्धि से धर्म ध्यान कर, मन को शान्ति मिले ।
वचन शुद्धि से भक्ति पाठ कर, वाचा शान्ति मिले।।
णमोकार से काय शुद्धि कर, निर्विकार कर दो ।
मेरा अन्तिम-मरण-समाधि, तेरे दर पर हो ।।82।।

तेरी छत्रच्छाया......

धन्य-धन्य हो जाये मेरा, यह नर भव पाना !
धन्य धन्य हो जाये मेरा, सन्त शरण आना ।।
ओम् नमः सिद्धाय जपूँ में, जय सिद्धीश्वर हो ।
मेरा अन्तिम-मरण-समाधि, तेरे दर पर हो ।।83।।

तेरी छत्रच्छाया......

गुण सुमरण से गुण धारण में, रुचि पैदा होती ।
गुण रुचि ही गुणवान बनाती, दृढ़ श्रद्धा बोती ।।
श्रद्धा बढ़ते वात्सल्य गुण, हर इक घर में हो ।
मेरा अन्तिम-मरण-समाधि, तेरे दर पर हो ।।84।।

तेरी छत्रच्छाया......

कस्तूरी की गंध शपथ ले, ऐसा कब होता ।
वीतराग को कर्म बन्ध हो, ऐसा कब होता ।।
वीतरागता का अनुयायी, शुभ से शुभतर हो ।
मेरा अन्तिम-मरण-समाधि, तेरे दर पर हो ।।85।।

तेरी छत्रच्छाया......

आगे कदम बढ़ाकर भगवन् ! पीछे नहीं हटूँ ।
मोक्ष मार्ग में वीर पुत्र सा, कृत संकल्प डटूँ ।।
सदा श्रमण सर्वत्र संयमी, भाव उच्चतर हो ।
मेरा अन्तिम-मरण-समाधि, तेरे दर पर हो ।।86।।

तेरी छत्रच्छाया......

जल में आये, थल में आये, या नभ में आये ।
कौन बताये किसका अन्तिम, समय कहाँ आये ।।
जब भी आये, जहाँ भी आये, शिर पर गुरु कर हो ।
मेरा अन्तिम-मरण-समाधि, तेरे दर पर हो ।।87।।

तेरी छत्रच्छाया......

निज स्वरूप में लीन हुआ है, जिसका मन प्यारे ।
उसके चरणों में नतमस्तक, भुवनत्रय सारे ।।
समय-समय में समयसार का, संवेदन भर दो ।
मेरा अन्तिम-मरण-समाधि, तेरे दर पर हो ।।88।।

तेरी छत्रच्छाया......

नवम पर्व

तेरी छत्रच्छाया भगवन् !, मेरे शिर पर हो ।
मेरा अन्तिम-मरण-समाधि, तेरे दर पर हो।।

ज्यों कमलों को करें प्रफुल्लित, रवि किरणावलियाँ।
त्यों भव्यों को करें प्रफुल्लित, गुरु वचनावलियाँ ।।
प्रसन्नता और प्रीति झरेगी, प्रवचन गुरुवर दो।
मेरा अन्तिम-मरण-समाधि, तेरे दर पर हो ।।89।।
तेरी छत्रच्छाया......

मैं एकाकी अरस अरूपी, सिद्ध स्वरूपी हूँ ।
दर्शन ज्ञान मयी शुद्धातम , चिद् चिद्रूपी हूँ ।।
निर्विकल्प का निजानन्द रस, निज में निर्भर हो ।
मेरा अन्तिम-मरण-समाधि, तेरे दर पर हो ।।90।।
तेरी छत्रच्छाया......

ये मत सोचूँ जीवन पथ में, बाधा ना आयें ।
इतना सोचूँ बाधाओं पर, कैसे जय पायें ।।
जितनी-जितनी समता जागे, उतना संवर हो।
मेरा अन्तिम-मरण-समाधि, तेरे दर पर हो ।।91।।
तेरी छत्रच्छाया......

कोई फूल चढ़ाये चरणों, पूजा पाठ रचे ।
कोई सर्प गले में डाले, या अपशब्द कहे ।।
उन दोनों में समता धारी, सन्त मुनीश्वर हो ।
मेरा अन्तिम-मरण-समाधि, तेरे दर पर हो ।।92।।

तेरी छत्रच्छाया......

पर द्रव्यों से मोह लगाया, किस विध खोऊँगा ।
ना ये मेरे ना मैं इनका, हुआ न होऊँगा ।।
आत्म द्रव्य मैं हूँ, मेरा है, समयसार स्वर हो ।
मेरा अन्तिम-मरण-समाधि, तेरे दर पर हो ।।93।।

तेरी छत्रच्छाया......

तजूँ मोह को, तजूँ मोह को, रहूँ ज्ञान रसिया ।
पर से कुछ सम्बन्ध नहीं मैं, सिद्धालय बसिया ।।
यही अटल सिद्धान्त हमारा, शाश्वत दृढ़तर हो ।
मेरा अन्तिम-मरण-समाधि, तेरे दर पर हो ।।94।।

तेरी छत्रच्छाया......

सन्त साधुओं द्वारा सेवित, भूमि तीर्थ कही ।
तो फिर बोलो क्षपकराज तुम ! कैसे तीर्थ नही ।।
निज स्वरूप का वन्दन करके, सभी तीर्थ कर लो ।
मेरा अन्तिम-मरण-समाधि, तेरे दर पर हो ।।95।।

तेरी छत्रच्छाया......

सर्व जगत के जीव अनंता, मेरे उपकारी ।
यही भावना मित्र भावना, हो मंगलकारी ।।
रागद्वेष है दुःख का कारण, अतः इसे हर दो ।
मेरा अन्तिम-मरण-समाधि, तेरे दर पर हो ।।96।।

तेरी छत्रच्छाया......

मैंने मोक्षमहल पाने का, लक्ष्य बनाया है ।
माना मोक्षमहल की सीढ़ी, गुरुपद छाया है ।।
ज्ञान रूप जल, तप का भोजन, मंगल पथचर हो ।
मेरा अन्तिम-मरण-समाधि, तेरे दर पर हो ।।97।।

तेरी छत्रच्छाया......

जगत भरा है आलम्बन से, धर्म ध्यान ध्याओ ।
शब्द राशि का पार नहीं है, गुण गाथा गाओ ।।
मन की चिन्ता विपदा पीड़ा, सब छू मन्तर हो ।
मेरा अन्तिम-मरण-समाधि, तेरे दर पर हो ।।98।।

तेरी छत्रच्छाया......

जितना सुख दे जिनवाणी माँ, उतना सुखी रहूँ ।
पाप बीज सुख कभी न चाहूँ, चाहे दुखी रहूँ ।।
श्रुतानन्द का भोगी योगी, जम्बू मुनिवर हो ।
मेरा अन्तिम-मरण-समाधि, तेरे दर पर हो ।।99।।

तेरी छत्रच्छाया......

दशम पर्व

तेरी छत्रच्छाया भगवन् !, मेरे शिर पर हो ।
मेरा अन्तिम-मरण-समाधि, तेरे दर पर हो।।

अचल मेरु भी विचलित होवे, धरा उलट जावे ।
किन्तु इन्द्र भी मुनि के मन को, नहीं पलट पावे।।
साम्य भाव का ऐसा वैभव, जीवन में भर दो ।
मेरा अन्तिम-मरण-समाधि, तेरे दर पर हो ।। 100 ।।

तेरी छत्रच्छाया......

जो चाहो तुम पा सकते हो, कामधेनु तप है ।
तप ही चिन्तामणि रत्न है, अलंकार तप है ।।
मैं अज्ञान अँधेरे मैं हूँ, तपो दीप धर दो ।
मेरा अन्तिम-मरण-समाधि, तेरे दर पर हो ।। 101 ।।

तेरी छत्रच्छाया......

किस विधि भव को पार करूँ मैं, गुरु को तृप्ति मिले।
संघ परिश्रम सफल करूँ मैं, सब का चित्त खिले ।।
दिग्-दिगन्त में, श्रमण संघ की, कीर्ति मनोहर हो।
मेरा अन्तिम-मरण-समाधि,तेरे दर पर हो ।। 102 ।।

तेरी छत्रच्छाया......

कर्मोंदय की गति विचित्र है, कब क्या हो जाये ।
कैसा कर्म उदय में आकर, कब क्या कर जाये ।।
कर्म विपाकी चिंतन करके, यह मन सुस्थिर हो ।
मेरा अन्तिम-मरण-समाधि, तेरे दर पर हो ।। 103 ।।

तेरी छत्रच्छाया......

मेरे कारण जिनशासन की, लाज नहीं जाये ।
मेरे कारण श्रमण संघ पर, आँच नहीं आये ।।
परिणामों की रक्षा करना, वीर जिनेश्वर हो ।
मेरा अन्तिम-मरण-समाधि, तेरे दर पर हो ।। 104 ।।

तेरी छत्रच्छाया......

अब भी कोई हो उपाय तो, प्रभुवर बतलाओ ।
जिनशासन की प्राण प्रतिष्ठा, आप बचा जाओ ।।
कैसा भी दुर्बन्ध किया हो, शीघ्र विनश्वर हो ।
मेरा अन्तिम-मरण-समाधि, तेरे दर पर हो ।।105 ।।

तेरी छत्रच्छाया......

पीड़ा भी परमात्म बनाती, सम्यग्दृष्टि को ।
निन्दा भी अध्यात्म सिखाती, सम्यग्दृष्टि को ।।
निन्दा और प्रशंसाओं में, समरसता भर दो ।
मेरा अन्तिम-मरण-समाधि, तेरे दर पर हो ।।106।।

तेरी छत्रच्छाया......

शीश नवाकर गुरुआज्ञा को, मैं स्वीकार करूँ ।
जो-जो गुरुवर कहा आपने, वैसा नित्य करूँ ।।
स्वतः समाधि लाभ मिलेगा, शिष्य विनयधर हो ।
मेरा अन्तिम-मरण-समाधि, तेरे दर पर हो ।।107।।

तेरी छत्रच्छाया......

अज्ञानी की बात-बात में, हैं विकल्प कितने?
अरे प्याज के छिलके भीतर, छिलके हैं जितने ।।
पर भावों में, नहीं उलझना, सब छू मन्तर हो ।
मेरा अन्तिम-मरण-समाधि, तेरे दर पर हो ।।108।।

तेरी छत्रच्छाया......

ज्ञानी की हर बात-बात मैं, तत्त्व भेद कितने ?
ज्यों केले के पात-पात में, केल पत्र उतने ।।
ज्ञानीजन की संगति पाकर, धर्म ध्यानधर हो ।
मेरा अन्तिम-मरण-समाधि, तेरे दर पर हो ।। 109 ।।

तेरी छत्रच्छाया......

देव शास्त्र गुरु मुझे मिले हैं, तेरी शरणा में ।
गुरु विराग भी मुझे मिले हैं, तेरी करुणा में ।।
मिले साधना और समाधि, यही विभव वर दो ।
मेरा अन्तिम-मरण-समाधि, तेरे दर पर हो ।। 110 ।।

तेरी छत्रच्छाया......

एकादश पर्व

तेरी छत्रच्छाया भगवन्! मेरे शिर पर हो।
मेरा अंतिम मरण समाधि, तेरे दर पर हो॥

उपसर्गों के हो जाने पर, या दुर्भिक्षा हो।
अनिवारी बीमारी हो, या घोर बुढ़ापा हो॥
तभी धर्म के लिए त्याग तन, व्रत सल्लेखन हो।
मेरा अंतिम मरण समाधि, तेरे दर पर हो॥ 111॥

तेरी छत्रच्छाया......

अन्तक्रिया अध्यात्मक्रिया यह, सल्लेखन जानूँ।
श्री सर्वज्ञ जिनेश्वर कहते, तप का फल मानूँ॥
यथा शक्ति हो पूर्ण भक्ति हो, क्रम सल्लेखन हो।
मेरा अंतिम मरण समाधि, तेरे दर पर हो॥ 112॥

तेरी छत्रच्छाया......

नहीं किसी से राग हमारा, नहीं द्वेष मेरा।
नहीं किसी से बैर हमारा, निर्मल मन मेरा॥
क्षमा करूँ मैं, क्षमा कराऊँ, क्षमा भाव भरदो।
मेरा अंतिम मरण समाधि, तेरे दर पर हो॥ 113॥

तेरी छत्रच्छाया......

निश्छल मन आलोचन कर लूँ, गुरुवर के आगे।
जन्म-जन्म के पाप बंध भी, पल भर में भागे॥
स्वीकारूँ आमरण महाव्रत, दीक्षा मुनिवर हो।
मेरा अंतिम मरण समाधि, तेरे दर पर हो॥ 114॥

तेरी छत्रच्छाया......

गेह-नेह तज खेद शोक तज, तजूँ कलुषता को।
रागद्वेष तज महाधैर्य धर, भाव कुशलता हो॥
सदा श्रुतामृत पिऊँ पिलाऊँ, चित् उज्ज्वल कर दो।
मेरा अंतिम मरण समाधि, तेरे दर पर हो॥ 115॥

तेरी छत्रच्छाया......

जीने की इच्छा ना होवे, नाहीं मरने की।
मित्रजनों की याद न आवे, बात न डरने की॥
निरतिचार सल्लेखन धारूँ, यह सुबुद्धि वर दो।
मेरा अंतिम मरण समाधि, तेरे दर पर हो॥ 116॥

तेरी छत्रच्छाया......

धर्मामृत को पीने वाला, कोई क्षपक अहो।
सर्वदुखों से रहे अछूता, सुखमय सदा कहो॥
सुख अंनत को प्रतिपल भोगे, सिद्ध जिनेश्वर हो।
मेरा अंतिम मरण समाधि, तेरे दर पर हो॥ 117॥

तेरी छत्रच्छाया......

जन्म जरामय मरण शोक भय, दुःख चिंता नाहीं।
सर्व विकार विवर्जित आतम, शुद्ध सुखी ताहीं॥
अविनाशी निःश्रेयस् शिव सुख, प्राप्त निरंतर हो।
मेरा अंतिम मरण समाधि, तेरे दर पर हो॥ 118॥

तेरी छत्रच्छाया......

विद्या दर्शन शक्ति अनंता, परम स्वास्थ्यकारी।
अव्यावाधी सौख्य अनंता, शुद्धि तृप्तिधारी॥
सल्लेखन का यही महाफल, क्षपक चिदम्बर हो।
मेरा अंतिम मरण समाधि, तेरे दर पर हो॥ 119॥

तेरी छत्रच्छाया......

निज स्वभाव ऐसा प्रकटाया, कभी न बदलेगा।
शाश्वत सुख की लहरें उठती, सुख ही छलकेगा ॥
यह समाधि का श्रेष्ठ महाफल, सबसे सुन्दर हो।
मेरा अंतिम मरण समाधि, तेरे दर पर हो ॥ 120 ॥

तेरी छत्रच्छाया......

जैनधर्म वह कल्पवृक्ष है जो, तीनों काल फले।
तप के पत्ते लगे हैं जिसमें, सद्‌गुण फूल खिले ॥
मोक्ष महाफल देने वाला, छाँव निरन्तर हो।
मेरा अंतिम मरण समाधि, तेरे दर पर हो ॥ 121 ॥

तेरी छत्रच्छाया......

अहिंसा
परस्परोपग्रहो जीवानाम्

द्वादश पर्व

तेरी छत्रच्छाया भगवन्! मेरे शिर पर हो।
मेरा अंतिम मरण समाधि, तेरे दर पर हो॥

जहाँ-जहाँ भी जैनधर्म हो, फूले और फले।
फला-फूलता देखूँ सबको, मेरा चित्त खिले॥
वात्सल्य की यही भावना, सबके अन्दर हो।
मेरा अंतिम मरण समाधि, तेरे दर पर हो॥ 122 ॥

तेरी छत्रच्छाया......

भव समुद्र से कौन तरेगा, किसको तारेगा?
शुभ उपयोगी सन्त तरेगा, शुभ को तारेगा॥
शुभ उपयोगी बनूँ-बनाऊँ, भाव शुद्धतर हो।
मेरा अंतिम मरण समाधि, तेरे दर पर हो॥ 123 ॥

तेरी छत्रच्छाया......

जिस-जिसने परमागम देखा, उसने सब देखा।
खुली हुई जिनवाणी उसकी, खुली भाग्य रेखा॥
अतः देख लूँ परमागम को, मन श्रुत मन्दिर हो।
मेरा अंतिम मरण समाधि, तेरे दर पर हो॥ 124 ॥

तेरी छत्रच्छाया......

आगम पढ़ जो आतम जाने, वही श्रमण होते।
आगम का अभ्यास करे नित, सकल कर्म खोते॥
आगम चक्षु साधु कहाते, ज्ञान समुन्दर ओ!
मेरा अंतिम मरण समाधि, तेरे दर पर हो॥ 125 ॥

तेरी छत्रच्छाया......

विषय कषायों में जो डूबा, वह क्या पायेगा?
भवसागर में डूब रहा है, और डुबायेगा॥
नहीं तरेगा ना तारेगा, चंचल बन्दर वो।
मेरा अंतिम मरण समाधि, तेरे दर पर हो॥ 126 ॥

तेरी छत्रच्छाया......

द्रव्य न बदला, गुण ना बदले, पर्यायें बदलीं।
एक आत्मा चतुर्गति में, नाना रूप ढली॥
द्रव्य द्रव्यता नहिं तज सकता, यह निश्चय कहलो।
मेरा अंतिम मरण समाधि, तेरे दर पर हो॥ 127 ॥

तेरी छत्रच्छाया......

कभी नारकी कभी देव पद, नर पशु पर्यायें।
जीव स्वयं धारण करता है, कर्मोदय आयें॥
आत्म द्रव्य तो जो है सो है, पर्यायें पर खो।
मेरा अंतिम मरण समाधि, तेरे दर पर हो॥ 128॥
तेरी छत्रच्छाया......

मेरा आतम पर का आतम, है न्यारे-न्यारे।
दोनों के भीतर परमातम, भी न्यारे-न्यारे॥
सबकी सत्ता अलग-अलग है, भेदज्ञान करलो।
मेरा अंतिम मरण समाधि, तेरे दर पर हो॥ 129॥
तेरी छत्रच्छाया......

आँख बंद होने से पहले, आगम नयन खुले।
आगम की राहों में चलकर, जिनपथ हमें मिले॥
हे परमागम! नयन हमारे, उन्मीलन कर दो।
मेरा अंतिम मरण समाधि, तेरे दर पर हो॥ 130॥
तेरी छत्रच्छाया......

ज्यों नदियों के मिल जाने को, सागर कहते हैं।
त्यों सुनयों के मिल जाने को, प्रमाण कहते हैं॥
नय-प्रमाण की यही व्यवस्था, आगम पढ़कर हो।
मेरा अंतिम मरण समाधि, तेरे दर पर हो॥ 131॥

तेरी छत्रच्छाया......

गुणी जनों के गुण को लखकर, मन आकर्षित हो।
उत्तम नर उत्तम पात्रों को, देखे हर्षित हो॥
पूज्य पुरुष की विनय करूँ नित, बनूँ विनयधर हो।
मेरा अंतिम मरण समाधि, तेरे दर पर हो॥ 132॥

तेरी छत्रच्छाया......

त्रयोदश पर्व

तेरी छत्रच्छाया भगवन्! मेरे शिर पर हो।
मेरा अंतिम मरण समाधि, तेरे दर पर हो॥

वह बोलूँ जो प्रभु ने बोला, दिव्य देशना में।
वही सुनूँ जो सदा सुनाया, गौतम गणधर ने॥
वही करूँ कृत्कृत्य बनाये, निजकर पर कर हो।
मेरा अंतिम मरण समाधि, तेरे दर पर हो॥ 133॥

तेरी छत्रच्छाया......

जिसने जैसा लक्ष्य बनाया, वैसा फल पाया।
कल्पवृक्ष तुम फल दाता हो, क्यों ना दो छाया॥
शान्ति सिन्धु सा मरण समाधि, कुन्थलगिरि पर हो।
मेरा अंतिम मरण समाधि, तेरे दर पर हो॥ 134॥

तेरी छत्रच्छाया......

मेरे पुण्योदय से गुरुवर! आप यहाँ आये।
पुण्य क्षेत्र में पुण्य पुरुष के, शुभ दर्शन पाये॥
अन्य क्षेत्र में किया पाप सब, यहाँ विनश्वर हो।
मेरा अंतिम मरण समाधि, तेरे दर पर हो॥ 135॥

तेरी छत्रच्छाया......

जहाँ पंचकल्याणक होवे, वहाँ चला आऊँ।
तीर्थंकर के जन्मोत्सव पर, न्हवन करा आऊँ॥
दीक्षा लख दीक्षा को धारूँ, यम संयमधर हो।
मेरा अंतिम मरण समाधि, तेरे दर पर हो॥ 136॥

तेरी छत्रच्छाया......

जिन भावों को मैं करता हूँ, मैं उनका कर्ता।
पर भावों को मैं ना करता, ना परका कर्ता॥
ज्ञानी! ज्ञानभाव का करना, भव-भव हितकर हो।
मेरा अंतिम मरण समाधि, तेरे दर पर हो॥ 137॥

तेरी छत्रच्छाया......

दुख के आगे सुख है प्यारे, ये निश्चय जानूँ।
रैन-बसेरा होय सबेरा, अटल नियम मानूँ॥
कमठ पलायन कर जायेगा, स्वयं क्षमाधर हो।
मेरा अंतिम मरण समाधि, तेरे दर पर हो॥ 138॥

तेरी छत्रच्छाया......

ज्ञानी अपने ज्ञानभाव से, ज्ञान भाव रचता।
अज्ञानी अज्ञान भाव से, अज्ञ भाव रचता॥
भाव रचयिता है तू ज्ञानी! रचना सुखकर हो।
मेरा अंतिम मरण समाधि, तेरे दर पर हो॥ 139॥

तेरी छत्रच्छाया......

सुख होता है ज्ञान बराबर, सुन ले ज्ञानी रे।
दुख होता है अज्ञान बराबर, सुन ले प्राणी रे॥
आलस तजकर ज्ञान भावना, नियत निरन्तर हो।
मेरा अंतिम मरण समाधि, तेरे दर पर हो॥ 140॥

तेरी छत्रच्छाया......

कर्मोपाधि निरपेक्षित नय, सम्यक् स्वीकारूँ।
सिद्धों जैसा मैं शुद्धातम, ये निश्चय धारूँ॥
ज्ञान कला का ध्यान कला में, शुभ रूपान्तर हो।
मेरा अंतिम मरण समाधि, तेरे दर पर हो॥ 141॥

तेरी छत्रच्छाया......

अरे! शुद्ध द्रव्यार्थिक नय से, निज निर्णय कर लूँ।
पर्यायों के पार खड़ा निज, द्रव्य नित्य कहलूँ॥
हर्ष-विषाद नहीं मन लाऊँ, सदानंद भर दो।
मेरा अंतिम मरण समाधि, तेरे दर पर हो॥ 142॥

तेरी छत्रच्छाया......

भेद कल्पना निरपेक्षितनय, शुद्ध द्रव्य जानूँ।
निज गुण निज पर्याय भाव से, निज अभिन्न मानूँ॥
अभेद ग्राही शुद्ध द्रव्य की, श्रद्धा दृढ़कर दो।
मेरा अंतिम मरण समाधि, तेरे दर पर हो॥ 143॥

तेरी छत्रच्छाया......

कर्मोपाधि सापेक्षित नय से द्रव अशुद्ध जानूँ।
रागद्वेष कर्मज भावों को, अपना भी मानूँ॥
निन्दा पूर्वक आलोचन सुन, प्रायश्चित वर दो।
मेरा अंतिम मरण समाधि, तेरे दर पर हो॥ 144॥

तेरी छत्रच्छाया......

चतुर्दश पर्व

तेरी छत्रच्छाया भगवन्! मेरे शिर पर हो।
मेरा अंतिम मरण समाधि, तेरे दर पर हो॥

जो अपना है वह अपने से, कभी न छूटेगा।
ना टूटेगा, ना फूटेगा, ना हीं रूठेगा॥
भो! एकत्व विभक्त्व आत्मा, जग में सुन्दर हो।
मेरा अंतिम मरण समाधि, तेरे दर पर हो॥ 145 ॥

तेरी छत्रच्छाया......

यह दुर्लभ क्षण दुष्चिंतन में, नहीं बिताना है।
वर्तमान में वर्द्धमान सा, भाव जगाना है॥
दुष्चर्या दुष्पथ को तजकर, आत्म ध्यान धर हो।
मेरा अंतिम मरण समाधि, तेरे दर पर हो॥ 146 ॥

तेरी छत्रच्छाया......

सम्यग्दृष्टि समय बिताये, ज्ञान भावना में।
मिथ्यादृष्टि समय बिताये, कलह कामना में॥
चर्या ही पहिचान बताये, सम्यक्त्वी नर हो।
मेरा अंतिम मरण समाधि, तेरे दर पर हो॥ 147 ॥

तेरी छत्रच्छाया......

जिनवर बोलें गणधर झेलें, सभी धन्य होलें।
पूर्वाचार्यों के अनुक्रम से, रचित शास्त्र खोलें॥
स्याद्वाद् शास्त्रों का अमृत, यहाँ पान कर लो।
मेरा अंतिम मरण समाधि, तेरे दर पर हो॥ 148॥

तेरी छत्रच्छाया......

तुमको पाकर मुनिवर मेरा, मन हरषाता है।
दान हमारा कल्पवृक्ष सा, शोभा पाता है॥
आदिनाथ भगवान् पधारे, ज्यों श्रेयस् घर हो।
मेरा अंतिम मरण समाधि, तेरे दर पर हो॥ 149॥

तेरी छत्रच्छाया......

बिना खिलाये कैसे खाऊँ, खाया ना जाये।
दाता श्रावक करे प्रतीक्षा, कब सुपात्र आये॥
पात्रदान कर हर्ष मनाऊँ, ज्यों नवनिधि कर हो।
मेरा अंतिम मरण समाधि, तेरे दर पर हो॥ 150॥

तेरी छत्रच्छाया......

शुद्धातम में रमने वाले, अरे कहाँ दुख है।
तेरा तो उपयोग वहाँ है, जहाँ शुद्ध सुख है॥
परम निराकुल तू परमातम, सिद्ध सुखेश्वर हो।
मेरा अंतिम मरण समाधि, तेरे दर पर हो॥ 151॥

तेरी छत्रच्छाया......

देवशास्त्र गुरु भक्त आप हो, पूर्ण विरक्त अहो।
रत्नत्रय संयुक्त आप हो, गुण अनुरक्त अहो ॥
समता लाओ, समाधि पाओ, जय मुक्तीश्वर हो।
मेरा अंतिम मरण समाधि, तेरे दर पर हो॥ 152॥

तेरी छत्रच्छाया......

लौकिक जन की संगति का फल, चंचल चित् होना।
महामुखरता, योग कुटिलता, निजस्वभाव खोना॥
जन सम्पर्क तजूँ मन तन से, सदा मौनधर हो।
मेरा अंतिम मरण समाधि, तेरे दर पर हो॥ 153॥

तेरी छत्रच्छाया......

मिथ्यादृष्टि बहुत सुलभ हैं, इस पंचम युग में।
सम्यग्दृष्टि श्रावक मुनिवर, दुर्लभ इस युग में॥
दुर्लभ सम्यग्दर्शन पाकर, सम्यक्त्वी नर हो।
मेरा अंतिम मरण समाधि, तेरे दर पर हो॥ 154॥

तेरी छत्रच्छाया......

नहीं छिपाया कुछ भी तुमने, अपना धन हमसे।
बिन माँगे ही दिया बहुत कुछ, क्या मागूँ तुमसे॥
क्षायिक दान दिवैया हो तुम, और नहीं कुछ दो।
मेरा अंतिम मरण समाधि, तेरे दर पर हो॥ 155॥

तेरी छत्रच्छाया......

पंचदश पर्व

तेरी छत्रच्छाया भगवन्! मेरे शिर पर हो।
मेरा अंतिम मरण समाधि, तेरे दर पर हो॥

मैंने चरण छुए दो तेरे, तुमने हृदय छुआ।
मेरे आत्म प्रदेशों पर तव, अद्भुत असर हुआ॥
तेरे गुण मुझमें प्रकटे ज्यों, सर इन्द्रीवर हो।
मेरा अंतिम मरण समाधि, तेरे दर पर हो॥ 156॥

तेरी छत्रच्छाया......

अक्षय श्रद्धा अक्षय विद्या, अक्षय संयम दो।
दो अक्षय वैराग्य जिनेश्वर, अक्षय शम-दम हो।
हृदय कमल पद सदा विराजें, गुरु पद पुष्कर दो।
मेरा अन्तिम मरण समाधि, तेरे दर पर हो ॥ 157॥

तेरी छत्रच्छाया......

चरण न भूलूँ, करण न भोलू, शरण नहीं भूलूँ।
तारण तरण जिनश्वर तुमसा, मरण नहीं भूलूँ॥
भद्रबाहु सा मरण इंगिनी, चन्द्रगिरि पर हो।
मेरा अन्तिम मरण समाधि, तेरे दर पर हो ॥ 158॥

तेरी छत्रच्छाया......

धर्मवीर निकलंक देव सा, भाई सदा बनूँ।
न्यायपिता अकलंक देव सा, न्यायी सदा बनूँ॥
जिनशासन के लिए हमारा, तन न्यौछावर हो।
मेरा अन्तिम मरण समाधि, तेरे दर पर हो॥ 159॥

तेरी छत्रच्छाया......

जिसमे हित हो वही सत्य है, वह हो या ना हो।
जहाँ अहित हो वह असत्य है, वह हो या ना हो॥
हिताभिलाषी वचन हमारा, सत्यम् सुन्दर हो॥
मेरा अंतिम मरण समाधि, तेरे दर पर हो॥ 160॥

तेरी छत्रच्छाया......

नन्द-नन्द आनन्द प्रदायी, नान्दगिरी-न्यारी।
गुफा के अन्दर जल मन्दिर में, जिन प्रतिमा प्यारी॥
यहाँ विराजे पारस जिनवर, सदा विघ्नहर हो!
मेरा अंतिम मरण समाधि, तेरे दर पर हो॥ 161॥

तेरी छत्रच्छाया......

दर्शन पाकर ऐसा लगता, पूछो तो कैसा?।
तीर्थराज सम्मेद शिखर के, स्वर्णभद्र जैसा॥
नन्दीश्वर सा नान्दगिरी ज्यों, कल्याणक पुर हो।
मेरा अंतिम मरण समाधि, तेरे दर पर हो॥ 162॥

तेरी छत्रच्छाया......

ना जाने किस भव में मैंने, कैसा पुण्य किया।
उसी पुण्य के फल से भगवन्! दर्शन यहाँ हुआ॥
इस दर्शन का फल भी जिनवर, शाश्वत् सुंदर हो।
मेरा अंतिम मरण समाधि, तेरे दर पर हो॥ 163॥

तेरी छत्रच्छाया......

पहले सपनों में देखा था, अब सच में देखा।
सपने भी सच होते भगवन्! अनुभव कर लेखा॥
ज्यों माता के सपने आये, प्रभु! तीर्थंकर हो।
मेरा अंतिम मरण समाधि, तेरे दर पर हो॥ 164॥

तेरी छत्रच्छाया......

जो है, उसे बचाओ मित्रो, यह उपकार करो।
ना हो उसे बनाओ मित्रो, कुछ सहकार करो॥
जागो जैनो, जागो जैनो, सदा एक स्वर हो।
मेरा अंतिम मरण समाधि, तेरे दर पर हो॥ 165॥

तेरी छत्रच्छाया......

पुनः बुलाना भूल न जाना, सपनों में आना।
कैसे भी हमको अपने, दर पर ले आना॥
तेरे दर पर ऐसा लगता, ज्यों अपना घर हो।
मेरा अंतिम मरण समाधि, तेरे दर पर हो॥ 166॥

तेरी छत्रच्छाया......

षोडश पर्व

तेरी छत्रच्छाया भगवन्! मेरे शिर पर हो।
मेरा अंतिम मरण समाधि, तेरे दर पर हो॥

जैसे विष को हर लेती है, यथा गरूढ मुद्रा।
पाप रूप विष त्यो हर लेती, यह जिनवर मुद्रा॥
अंत समय तक मेरे सम्मुख, प्रतिमा जिनवर हो।
मेरा अंतिम मरण समाधि, तेरे दर पर हो॥ 167॥

तेरी छत्रच्छाया......

यथा बीज में वृक्ष समाया, तिल मे तेल अरे।
और दूध में घृत रस जैसे, ईन्धन आग धरें॥
पाहन में प्रतिमा के जैसी, अभिव्यक्ति करदो।
मेरा अंतिम मरण समाधि, तेरे दर पर हो॥ 168॥

तेरी छत्रच्छाया......

नहीं चाहिए मुक्तामणियाँ, जड़ वैभव निधियाँ।
मेरे गुरुवर! मुझेसिखादो, पड़गाहन विधियाँ॥
आदीश्वर से मुनिवर आये, घर हस्तिनपुर हो।
मेरा अंतिम मरण समाधि, तेरे दर पर हो॥ 169॥

तेरी छत्रच्छाया......

कहीं न जाऊँ कुछ ना पाऊँ, निज निधि प्रकटाऊँ।
अन्तर आतम में रम-रम कर, अनुभव रस पाऊँ॥
रत्नत्रय प्रकटाने वाले, गुरु-रत्नाकर हो।
मेरा अंतिम मरण समाधि, तेरे दर पर हो॥ 170॥

तेरी छत्रच्छाया......

भोग रहित हूँ, रोग रहित हूँ, शोक रहित स्वामी।
योग और संयोग रहित उपयोग सहित स्वामी॥
मै चिद्रूपी अरस अरूपी, शुद्ध चिदम्बर हो।
मेरा अंतिम मरण समाधि, तेरे दर पर हो॥ 171॥

तेरी छत्रच्छाया......

जिसने जैसा लक्ष्य बनाया, वैसा फल पाया।
कल्पवृक्ष तो फलदाता है, क्यों ना दे छाया॥
शांति सिन्धु सा मरण समाधि, कुंथलगिरि पर हो।
मेरा अंतिम मरण समाधि, तेरे दर पर हो॥ 172॥

तेरी छत्रच्छाया......

जैसे जल से मोती प्रकटे, पाहन से सोना।
वैसे ही निज उपादान से, परमातम होना॥
बाह्याभ्यन्तर दोनों साधन, मुझको रुचिकर हो।
मेरा अंतिम मरण समाधि, तेरे दर पर हो॥ 173॥
तेरी छत्रच्छाया......

जैसे जल में जल मिल जाता, कुल में कुल मिलता।
वैसे ही निश्छल भावों से, सन्त-सन्त मिलता॥
वात्सल्य की गंगा-यमुना, बहे शुभंकर हो।
मेरा अंतिम मरण समाधि, तेरे दर पर हो॥ 174॥
तेरी छत्रच्छाया......

संत मिले तो मिली प्रेरणा, हिल-मिल रहने को।
संत मिले तो मिली प्रेरणा, परिषह सहने को॥
ऐसे सन्त मिलन का अवसर, आये फिर-फिर हो।
मेरा अंतिम मरण समाधि, तेरे दर पर हो॥ 175॥
तेरी छत्रच्छाया......

मेरा मन विचलित ना होवे, ओ मेरे स्वामी।
वाणी भी स्खलित ना होवे, ओ मेरे स्वामी॥
रहे निरोगी काया आतम, धर्मध्यानतर हो।
मेरा अंतिम मरण समाधि, तेरे दर पर हो॥ 176॥

तेरी छत्रच्छाया......

इतने काल यहाँ पर ठहरे, अब हम जाते हैं।
तुम सबका कल्याण शीघ्र हो, वचन सुनाते हैं॥
नीति वाक्य यह मुनिराजों को, सदा शुभंकर हो।
मेरा अंतिम मरण समाधि, तेरे दर पर हो॥ 177॥

तेरी छत्रच्छाया......